Chat GPT: (cómo ganar con el uso de la tecnología de inteligencia artificial

Expande tu Negocio y Obtén una Ventaja Competitiva con la Guía Completa para Aprovechar Chat GPT, la Tecnología de Inteligencia Artificial de Vanguardia, para Crear Chatbots Personalizados, Proporcionar Respuestas Personalizadas y Utilizar la Tecnología para la Publicidad, Generando Ingresos Innovadores y Mejorando tu Presencia Digital.

Evolución Personal

Chat GPT (Generative Pre-trained Transformer) es una tecnología de Inteligencia Artificial desarrollada por OpenAI, que utiliza avanzados algoritmos de aprendizaje profundo para generar respuestas coherentes y relevantes a preguntas de los usuarios. La tecnología Chat GPT se basa en el principio de "autoaprendizaje", lo que significa que puede aprender continuamente de las interacciones con los usuarios, mejorando constantemente su capacidad para generar respuestas cada vez más precisas y pertinentes.

El funcionamiento de Chat GPT se basa en una red neural artificial que se entrena con un enorme corpus de textos en lenguaje natural, provenientes de fuentes confiables como Wikipedia, libros y artículos de periódicos. Gracias a este entrenamiento, la red neural de Chat GPT puede entender el contexto de las preguntas de los usuarios y generar respuestas coherentes y relevantes.

Además de su capacidad para generar respuestas cada vez más precisas y pertinentes, la tecnología Chat GPT es capaz de reconocer y responder a una amplia gama de preguntas y solicitudes, tanto en lenguaje natural como en jerga técnica, lo que la hace extremadamente versátil y adaptable a diversos contextos.

El uso de Chat GPT se está extendiendo en diferentes sectores, como finanzas, salud, educación y marketing, revolucionando la forma en que las empresas interactúan con sus clientes y consumidores.

En resumen, Chat GPT es una tecnología de vanguardia de Inteligencia Artificial capaz de generar respuestas cada vez más precisas y pertinentes a las preguntas de los usuarios. Gracias a su capacidad de aprendizaje continuo y versatilidad, la tecnología Chat GPT está revolucionando la forma en que las empresas interactúan con sus clientes y consumidores, abriendo nuevas oportunidades comerciales y mejorando la experiencia del usuario.

Muchas empresas están aprovechando la tecnología Chat GPT para mejorar la experiencia del usuario y crear nuevas oportunidades comerciales. Aquí hay algunos ejemplos de empresas que utilizan Chat GPT:

Microsoft: Microsoft ha integrado la tecnología Chat GPT en su plataforma de asistencia virtual, Microsoft Virtual Agent, que brinda soporte a los clientes en una amplia gama de problemas técnicos y relacionados con productos.

Airbnb: Airbnb utiliza la tecnología Chat GPT para ofrecer asistencia personalizada a sus usuarios a través del sistema de mensajería dentro de la aplicación. La tecnología Chat GPT ayuda a los anfitriones e invitados a responder a preguntas comunes y resolver problemas más rápidamente.

Mastercard: Mastercard ha desarrollado un chatbot basado en la tecnología Chat GPT para ayudar a los clientes a gestionar sus finanzas, proporcionando información sobre cuentas, transacciones y saldos disponibles.

The New York Times: The New York Times ha utilizado la tecnología Chat GPT para crear un asistente virtual llamado "The News Quiz", que desafía a los usuarios a responder preguntas sobre las noticias y proporciona retroalimentación personalizada basada en sus respuestas.

Hugging Face: Hugging Face es una empresa que se especializa en desarrollar chatbots personalizados para empresas utilizando la tecnología Chat GPT. Gracias a su experiencia, Hugging Face ha podido crear chatbots innovadores y altamente inteligentes para empresas de diversos tamaños e industrias.

Estos son solo algunos ejemplos de empresas que utilizan la tecnología Chat GPT para mejorar sus ofertas de servicios y crear nuevas oportunidades comerciales. Gracias a su versatilidad y capacidades de aprendizaje continuo, la tecnología Chat GPT está ganando cada vez más popularidad entre las empresas de todo el mundo.

El uso de Chat GPT por parte de las empresas ofrece numerosas ventajas, entre ellas:

Mejora de la experiencia del usuario: La tecnología Chat GPT permite a las empresas proporcionar respuestas rápidas, precisas y personalizadas a las preguntas y solicitudes de los usuarios. Esto mejora la experiencia del usuario, aumenta la satisfacción del cliente y mejora la reputación de la empresa.

Aumento de la eficiencia: Gracias a la capacidad de Chat GPT para automatizar muchas interacciones con los clientes, las empresas pueden reducir el tiempo y los recursos necesarios para brindar asistencia y soporte a sus clientes. Esto les permite manejar un mayor volumen de solicitudes con menos recursos.

Reducción de costos: La automatización de las interacciones con los clientes permite a las empresas reducir los costos asociados con la gestión de servicios de atención al cliente. Esto puede generar importantes ahorros de costos para las empresas.

Mejora de la escalabilidad: La tecnología Chat GPT permite a las empresas manejar un mayor volumen de interacciones con los clientes sin necesidad de contratar personal adicional. Esto permite a las empresas escalar rápidamente y de manera eficiente sus ofertas de servicios.

Mejora de la calidad de los datos: Gracias a la capacidad de Chat GPT para recopilar y analizar grandes cantidades de datos, las empresas pueden obtener información valiosa sobre sus clientes y sus necesidades. Esto les permite mejorar la calidad de sus datos y tomar decisiones más informadas sobre su estrategia comercial.

La tecnología Chat GPT utiliza el análisis de datos para mejorar la calidad de los datos recopilados durante las interacciones con los usuarios. Específicamente, Chat GPT emplea técnicas de procesamiento de lenguaje natural (PLN) y aprendizaje automático para extraer información relevante de los datos recopilados y mejorar su comprensión de las necesidades y requerimientos de los usuarios. Así es cómo funciona el análisis de datos en Chat GPT para mejorar la calidad de los datos:

Recopilación de datos: Chat GPT recopila datos durante las interacciones con los usuarios, como las preguntas formuladas por los usuarios y las respuestas generadas por la tecnología. Estos datos son luego procesados y analizados para extraer información útil.

Preprocesamiento de datos: Antes de analizar los datos, Chat GPT realiza una operación de preprocesamiento de datos, que implica una serie de técnicas de limpieza y normalización de datos. Estas técnicas ayudan a eliminar cualquier ruido o ambigüedad de los datos y los hacen más coherentes y consistentes.

Análisis de datos: Después del preprocesamiento de datos, Chat GPT utiliza técnicas de procesamiento de lenguaje natural (PLN) y aprendizaje automático para extraer información relevante de los datos recopilados. Por ejemplo, la tecnología puede analizar los datos para identificar problemas comunes enfrentados por los usuarios y áreas de mejora en sus ofertas de servicios.

La generación de ideas: Basado en los datos analizados, Chat GPT genera ideas valiosas para mejorar sus ofertas de servicios. Por ejemplo, la tecnología puede sugerir nuevas características para agregar a su plataforma o mejoras en su estrategia de soporte al cliente.

Entrenamiento del modelo: Para mejorar continuamente la calidad de los datos analizados, Chat GPT entrena constantemente su modelo de aprendizaje automático con nuevos datos recopilados durante las interacciones con los usuarios. Esto permite que la tecnología mejore constantemente su capacidad para extraer información significativa de los datos y generar ideas útiles para mejorar sus ofertas de servicios.

Tomemos en cuenta el ejemplo de una empresa de comercio electrónico que utiliza la tecnología Chat GPT para brindar asistencia al cliente a través de su sitio web. La empresa ha notado que muchos usuarios que utilizan el servicio del chatbot se quejan de la dificultad para encontrar los productos que buscan en el sitio web.

Para mejorar la calidad de los datos y comprender mejor las necesidades de los usuarios, la empresa ha utilizado Chat GPT para analizar los datos recopilados durante las interacciones de los usuarios con el chatbot. La tecnología ha extraído información significativa de los datos, como los términos de búsqueda más comunes utilizados por los usuarios y los productos que están buscando.

En base a esta información, la empresa ha realizado algunas modificaciones en su sitio web, como mejorar la navegación del sitio y agregar nuevas características para ayudar a los usuarios a encontrar productos más fácilmente. Además, la empresa ha mejorado la calidad de la información del producto en el sitio web, incluyendo descripciones más detalladas e imágenes de alta calidad.

Gracias a las ideas extraídas por Chat GPT, la empresa ha obtenido una mejor comprensión de las necesidades de los usuarios y ha realizado mejoras significativas en sus ofertas de servicios. Esto ha mejorado la experiencia del usuario en el sitio web y ha aumentado la satisfacción del cliente.

En resumen, el uso de Chat GPT ha permitido a las empresas comprender mejor las necesidades de los usuarios y realizar mejoras significativas en sus ofertas de servicios, mejorando la experiencia del usuario en sus sitios web y aumentando la satisfacción del cliente.

A continuación, presentamos algunos ejemplos de empresas que han utilizado la tecnología Chat GPT para mejorar sus servicios:

Spotify: Spotify utilizó la tecnología Chat GPT para analizar los datos recopilados durante las interacciones de los usuarios con su servicio de transmisión de música. Esto les permitió comprender mejor las preferencias musicales de los usuarios y proporcionar listas de reproducción y recomendaciones de artistas más precisas y personalizadas.

American Express: American Express utilizó la tecnología Chat GPT para analizar los datos recopilados durante las interacciones de los clientes con su servicio de atención al cliente. Esto les ayudó a obtener una mejor comprensión de las necesidades de sus clientes y ofrecer asistencia personalizada y respuestas más rápidas a sus consultas.

Uber: Uber empleó la tecnología Chat GPT para analizar los datos recopilados durante las interacciones de los usuarios con su servicio de transporte compartido. Esto les permitió comprender mejor las necesidades de los usuarios y mejorar la precisión de las predicciones del tiempo de llegada de los conductores.

Coca-Cola: Coca-Cola utilizó la tecnología Chat GPT para analizar los datos recopilados durante las interacciones de los usuarios con su sitio web y sus actividades en redes sociales. Esto les permitió comprender mejor las preferencias de sus consumidores y crear mensajes de marketing más efectivos y personalizados.

Mastercard: Mastercard utilizó la tecnología Chat GPT para analizar los datos recopilados durante las interacciones de los clientes con su servicio de atención al cliente. Esto les ayudó a obtener ideas sobre las necesidades de sus clientes y ofrecer una asistencia más efectiva y personalizada.

Existen numerosos recursos disponibles para ayudar a las empresas a implementar Chat GPT.

Aquí hay algunas sugerencias sobre dónde encontrar más información:

Documentación de OpenAI: OpenAI, el equipo que desarrolló la tecnología Chat GPT, proporciona una documentación completa sobre las características de la tecnología y cómo utilizarla. La documentación está disponible en el sitio web de OpenAI e incluye guías detalladas y tutoriales para implementar Chat GPT.

Comunidades de desarrolladores: Hay numerosas comunidades en línea de desarrolladores que discuten la implementación de Chat GPT y comparten ideas y consejos. Por ejemplo, el subreddit de OpenAI en Reddit es un recurso valioso para encontrar información y recursos sobre la tecnología Chat GPT.

Cursos en línea: Muchos cursos en línea están disponibles para aprender a utilizar la tecnología Chat GPT. Estos cursos pueden ser útiles para comprender los conceptos básicos de la tecnología y adquirir habilidades para su implementación.

Empresas especializadas: También existen empresas especializadas en la implementación de Chat GPT que pueden proporcionar soporte y consultoría a las empresas para implementar la tecnología. Estas empresas pueden ofrecer asistencia en el diseño y desarrollo de soluciones personalizadas para necesidades comerciales específicas.

La implementación de Chat GPT requiere un conjunto de habilidades técnicas, incluyendo:

Conocimiento de lenguajes de programación: Para implementar Chat GPT, es necesario tener un profundo conocimiento de un lenguaje de programación como Python, ya que la tecnología utiliza modelos de aprendizaje automático y algoritmos de procesamiento de lenguaje natural.

Conocimiento de aprendizaje automático: Chat GPT se basa en la tecnología de aprendizaje automático para procesar datos y mejorar sus capacidades de análisis de lenguaje natural. Por lo tanto, se requiere una comprensión básica de conceptos de aprendizaje automático como regresión, clasificación, agrupación y algoritmos de aprendizaje profundo.

Comprensión del procesamiento de lenguaje natural: Para implementar Chat GPT, es esencial tener un conocimiento profundo de técnicas de procesamiento de lenguaje natural como el análisis semántico y sintáctico, generación de texto y clasificación de texto.

Experiencia con herramientas de procesamiento de lenguaje natural: La familiaridad con herramientas de procesamiento de lenguaje natural como Natural Language Toolkit (NLTK), Spacy, TensorFlow y PyTorch es necesaria.

Conocimiento de computación en la nube: Chat GPT requiere el uso de recursos de computación en la nube para el procesamiento de datos y el entrenamiento del modelo. Por lo tanto, se necesita una comprensión básica de conceptos y plataformas de computación en la nube como Amazon Web Services (AWS) o Microsoft Azure.

En resumen, la implementación de Chat GPT demanda una variedad de habilidades técnicas, incluyendo la competencia en lenguajes de programación, aprendizaje automático, procesamiento de lenguaje natural, herramientas de procesamiento de lenguaje natural y computación en la nube. Sin embargo, también existen soluciones preempaquetadas disponibles en el mercado que pueden ayudar a las empresas a implementar Chat GPT con menos conocimientos técnicos requeridos.

Botpress: Botpress es una plataforma de chatbot de código abierto que permite la creación de chatbots personalizados utilizando procesamiento de lenguaje natural y aprendizaje automático. Botpress también incluye funciones avanzadas como análisis de intención y generación de texto para proporcionar respuestas más precisas.

Rasa: Rasa es una plataforma de chatbot de código abierto que permite la creación de chatbots personalizados utilizando procesamiento de lenguaje natural y aprendizaje automático. Rasa también incluye funciones avanzadas como análisis de intención y generación de texto para proporcionar respuestas más precisas.

TARS: TARS es una plataforma de chatbot basada en la nube que permite la creación de chatbots personalizados utilizando una interfaz visual de arrastrar y soltar. TARS también incluye funciones avanzadas como análisis de intención y generación de texto para proporcionar respuestas más precisas.

En resumen, hay varias soluciones preempaquetadas disponibles en el mercado para implementar Chat GPT sin requerir conocimientos avanzados de aprendizaje automático o procesamiento de lenguaje natural. Estas soluciones, como Dialogflow, IBM Watson Assistant, Botpress, Rasa y TARS, ofrecen capacidades avanzadas para crear chatbots personalizados y asistentes virtuales avanzados.

Además, existen diversas soluciones preempaquetadas disponibles para integrar Chat GPT con las redes sociales, lo que permite a las empresas crear chatbots personalizados y asistentes virtuales avanzados que pueden interactuar con sus clientes en plataformas de redes sociales. Algunas soluciones populares incluyen:

ManyChat: ManyChat es una plataforma de chatbot basada en la nube que permite la creación de chatbots personalizados para Facebook Messenger, Instagram, WhatsApp y otros canales de mensajería. ManyChat utiliza procesamiento de lenguaje natural para analizar las solicitudes de los usuarios y proporcionar respuestas adecuadas.

Chatfuel: Chatfuel es una plataforma de chatbot basada en la nube que permite la creación de chatbots personalizados para Facebook Messenger. Chatfuel utiliza procesamiento de lenguaje natural para analizar las solicitudes de los usuarios y proporcionar respuestas adecuadas.

Tars: Tars es una plataforma de chatbot basada en la nube que permite la creación de chatbots personalizados para Facebook Messenger, WhatsApp y otros canales de mensajería. Tars utiliza procesamiento de lenguaje natural para analizar las solicitudes de los usuarios y proporcionar respuestas adecuadas.

MobileMonkey: MobileMonkey es una plataforma de chatbot basada en la nube que permite la creación de chatbots personalizados para Facebook Messenger, Instagram y SMS. MobileMonkey utiliza procesamiento de lenguaje natural para analizar las solicitudes de los usuarios y proporcionar respuestas adecuadas.

Botsify: Botsify es una plataforma de chatbot basada en la nube que permite la creación de chatbots personalizados para Facebook Messenger, WhatsApp y otros canales de mensajería. Botsify utiliza procesamiento de lenguaje natural para analizar las solicitudes de los usuarios y proporcionar respuestas adecuadas.

En resumen, hay varias soluciones preempaquetadas disponibles para integrar Chat

GPT con las redes sociales, lo que permite a las empresas crear chatbots personalizados y asistentes virtuales avanzados que pueden interactuar con sus clientes en plataformas de redes sociales. Estas soluciones incluyen ManyChat, Chatfuel, Tars, MobileMonkey y Botsify, ofreciendo funciones avanzadas para crear chatbots personalizados y asistentes virtuales en diversas plataformas de redes sociales.

Las soluciones preempaquetadas de chatbot ofrecen una amplia gama de funciones avanzadas, que incluyen:

Procesamiento de Lenguaje Natural: Todas las principales soluciones preempaquetadas de chatbot utilizan Procesamiento de Lenguaje Natural (NLP) para analizar las solicitudes de los usuarios y proporcionar respuestas adecuadas.

Análisis de Intención: El análisis de intención ayuda a comprender el propósito detrás del mensaje del usuario y proporcionar una respuesta adecuada. Esta función permite que los chatbots ofrezcan respuestas más precisas y relevantes.

Generación de Texto: La generación de texto permite a los chatbots generar automáticamente respuestas sin depender de respuestas predefinidas, lo que hace que las conversaciones sean más fluidas y naturales.

Integraciones de Terceros: Las soluciones preempaquetadas de chatbot pueden integrarse con plataformas de terceros como CRM, software de automatización de marketing, sistemas de soporte al cliente y más.

Análisis de Conversaciones: El análisis de conversaciones ayuda a examinar las conversaciones del chatbot para identificar problemas comunes de los usuarios, mejorar las respuestas del chatbot y optimizar las interacciones.

Soporte Multilingüe: Las soluciones preempaquetadas de chatbot a menudo ofrecen soporte multilingüe, lo que permite a los chatbots comunicarse con los usuarios en diferentes idiomas.

Personalización: Las soluciones preempaquetadas de chatbot a menudo incluyen funciones de personalización, como crear respuestas personalizadas basadas en información del usuario, como nombre, edad y preferencias.

Es posible personalizar tu chatbot para responder en función de las preferencias de tus usuarios. Hay varias soluciones de chatbot preconstruidas que ofrecen funciones de personalización, lo que permite que los chatbots recopilen información del usuario y la utilicen para proporcionar respuestas personalizadas y relevantes.

Por ejemplo, los chatbots pueden recopilar información del usuario, como nombre, edad, género, ubicación geográfica y preferencias personales, y utilizar esta información para proporcionar respuestas personalizadas. Además, los chatbots pueden utilizar el análisis de conversaciones para identificar problemas comunes de los usuarios y adaptar las respuestas para satisfacer necesidades específicas de los usuarios.

Las soluciones de chatbot preconstruidas a menudo ofrecen funciones de personalización que permiten a los propietarios del chatbot crear respuestas personalizadas basadas en la información del usuario. Por ejemplo, algunas soluciones de chatbot permiten a los propietarios crear respuestas personalizadas en función de la ubicación geográfica o las preferencias del usuario.

Además, al integrar herramientas de terceros con soluciones de chatbot preconstruidas, puedes recopilar información del usuario de diversas fuentes, como redes sociales, sistemas de soporte al cliente o software de CRM, y utilizar estos datos para personalizar las respuestas del chatbot.

En resumen, puedes personalizar las respuestas de tu chatbot en función de las preferencias del usuario utilizando soluciones de chatbot preconstruidas que ofrecen funciones de personalización. Estas funcionalidades permiten que los chatbots recopilen información del usuario y la utilicen para proporcionar respuestas personalizadas y relevantes.

La personalización de tu chatbot en función de las preferencias del usuario ofrece varias ventajas, que incluyen:

Mejora de la Experiencia del Usuario: La personalización de tu chatbot te permite ofrecer experiencias de usuario mejoradas al proporcionar respuestas relevantes y personalizadas a las consultas de los usuarios.

Aumento de la Eficiencia: La personalización de tu chatbot ayuda a automatizar las solicitudes de los usuarios, lo que conduce a una mejora en la eficiencia del servicio al cliente y tiempos de espera reducidos para los usuarios.

Mayor Tasa de Conversión: Las respuestas personalizadas pueden aumentar la probabilidad de convertir a los usuarios en clientes reales al ofrecer soluciones adaptadas a sus necesidades.

Reducción de Errores: Las respuestas personalizadas brindan información más precisa y pertinente, lo que reduce la posibilidad de errores y mejora la calidad del servicio.

Reducción de Costos: Al automatizar las solicitudes de los usuarios, la personalización ayuda a reducir los costos del servicio al cliente y mejora la productividad general del negocio.

Sin embargo, hay situaciones en las que personalizar el chatbot puede no ser necesario o adecuado. Por ejemplo, si las solicitudes de los usuarios son muy genéricas y no requieren información específica del usuario, una respuesta estándar proporcionada por el chatbot puede ser suficiente.

Además, es fundamental garantizar que la personalización se realice de manera responsable y en cumplimiento con las regulaciones de protección de datos. La recopilación y el uso de información del usuario para fines de personalización deben realizarse con el consentimiento del usuario y en cumplimiento de las políticas de privacidad pertinentes.

En conclusión, si bien la personalización puede mejorar significativamente la experiencia del usuario y la eficacia de los chatbots, es importante considerar el contexto y el propósito del chatbot y manejar la información del usuario de manera responsable para garantizar la privacidad y el cumplimiento de las regulaciones. Las soluciones de chatbot preconstruidas suelen ofrecer características de personalización que pueden utilizarse de manera efectiva para proporcionar respuestas adaptadas y relevantes a los usuarios, al tiempo que se mantiene la seguridad de sus datos.

Falta de Información del Usuario: Si hay información insuficiente sobre los usuarios para personalizar el chatbot, puede ser difícil proporcionar respuestas relevantes y personalizadas. En tales casos, usar respuestas estándar o ofrecer asistencia humana podría ser más efectivo.

Solicitudes Técnicas Complejas: Si las solicitudes de los usuarios implican conocimientos técnicos o especializados, la personalización del chatbot por sí sola puede no ser suficiente para proporcionar respuestas precisas. En tales casos, puede ser necesario involucrar a un experto humano para brindar asistencia.

La personalización del chatbot es beneficiosa en varios escenarios, incluyendo:

Servicio al Cliente: La personalización del chatbot es particularmente útil para el servicio al cliente. Los chatbots pueden personalizarse para proporcionar respuestas apropiadas y relevantes a las consultas de los usuarios, reduciendo los tiempos de espera y mejorando la experiencia general del usuario.

Automatización de Ventas: La personalización del chatbot es útil para la automatización de ventas. Los chatbots pueden personalizarse para recopilar información del usuario y ofrecer recomendaciones de productos personalizadas, aumentando las posibilidades de convertir a los usuarios en clientes reales.

Soporte Técnico: La personalización del chatbot es valiosa para el soporte técnico. Los chatbots pueden personalizarse para proporcionar respuestas específicas a las solicitudes de los usuarios relacionadas con problemas técnicos, reduciendo los tiempos de espera y mejorando la experiencia general del usuario.

Capacitación: La personalización del chatbot es útil para la capacitación. Los chatbots pueden personalizarse para proporcionar información específica y relevante a los usuarios según sus necesidades de aprendizaje, mejorando la efectividad general de la capacitación.

Marketing: La personalización del chatbot es útil para el marketing. Los chatbots pueden personalizarse para proporcionar información sobre los productos y servicios de la empresa e interactuar con los usuarios en conversaciones de marketing personalizadas, aumentando las posibilidades de convertir a los usuarios en clientes reales.

En resumen, la personalización del chatbot es beneficiosa en una amplia gama de escenarios, incluido el servicio al cliente, la automatización de ventas, el soporte técnico, la capacitación y el marketing. Permite que los chatbots proporcionen respuestas apropiadas y relevantes, mejorando la experiencia general del usuario y aumentando las posibilidades de convertir a los usuarios en clientes reales.

Puedes personalizar tu chatbot para satisfacer las necesidades específicas de tu negocio. Hay varias soluciones de chatbot preconfiguradas que ofrecen funciones de personalización, lo que permite a los propietarios de chatbots crear respuestas personalizadas y relevantes basadas en los requisitos específicos de su negocio.

La personalización de tu chatbot puede incluir la creación de respuestas personalizadas basadas en tu negocio, productos o servicios, ubicación geográfica y necesidades de marca. Por ejemplo, puedes personalizar las respuestas de tu chatbot para incluir información específica sobre tu producto o servicio, como características, precios, opciones de personalización o tiempos de entrega.

Además, puedes personalizar las respuestas de tu chatbot para ser coherentes con la identidad de tu marca. Esto puede incluir el uso de los colores, logotipos e imágenes de tu empresa, así como adoptar el tono apropiado en la conversación del chatbot.

Personalizar tu chatbot para que responda en varios idiomas puede ser una excelente estrategia para llegar a una audiencia global. Aquí hay algunas ventajas de personalizar tu chatbot para responder en varios idiomas:

Accesibilidad: La personalización de tu chatbot para responder en varios idiomas te permite llegar a una audiencia global y brindar asistencia a usuarios de diferentes idiomas. Esto aumenta tu base de usuarios y te permite llegar a nuevos mercados.

Mejora de la Experiencia del Usuario: Proporcionar respuestas personalizadas en diferentes idiomas mejora la experiencia general del usuario. Los usuarios son más propensos a utilizar tu servicio si pueden comunicarse en su idioma preferido.

Mayor Eficiencia: La personalización de tu chatbot para responder en varios idiomas automatiza el manejo de solicitudes de usuarios en diferentes idiomas, lo que aumenta la eficiencia de tu servicio al cliente y reduce los tiempos de espera para los usuarios.

Competitividad: La personalización de tu chatbot para responder en varios idiomas te hace más competitivo en el mercado global. Esto puede mejorar tu reputación y el valor de tu marca.

Mayor Potencial de Ventas: La personalización de tu chatbot para responder en varios idiomas te permite ofrecer recomendaciones de productos personalizadas basadas en el idioma preferido del usuario. Esto aumenta las posibilidades de convertir a los usuarios en clientes reales y aumenta tu volumen de ventas.

La forma más común de monetizar un chatbot basado en un modelo de lenguaje como GPT-3.5 es utilizarlo para el servicio al cliente o vender productos y servicios. A continuación, te presento algunos pasos detallados sobre cómo comenzar una actividad que genere ingresos con un chatbot basado en GPT:

Identifica tu audiencia objetivo: El primer paso para monetizar un chatbot basado en GPT es identificar a tu audiencia objetivo. ¿Cuáles son sus necesidades? ¿Cuáles son sus problemas? ¿Cuáles son sus intereses? Una vez que hayas identificado estos factores, puedes crear un chatbot que proporcione respuestas relevantes y personalizadas.

Elige una plataforma de chatbot: Hay varias plataformas de chatbot para elegir, algunas de las cuales ofrecen funciones avanzadas para la personalización del chatbot, como crear respuestas personalizadas basadas en el idioma preferido del usuario. Una vez que hayas seleccionado una plataforma, puedes comenzar a crear tu chatbot.

Personaliza tu chatbot: La personalización de tu chatbot es crucial para proporcionar respuestas relevantes y personalizadas. Esto puede implicar la creación de respuestas personalizadas basadas en tu negocio, productos o servicios, ubicación geográfica y necesidades de marca.

Integra tu chatbot con tu sitio web o tienda en línea: Después de crear tu chatbot, puedes integrarlo con tu sitio web o tienda en línea. Esto permite a los usuarios acceder al chatbot directamente desde tu sitio web o tienda en línea, mejorando la experiencia general del usuario.

Utiliza tu chatbot para el servicio al cliente o para vender productos y servicios: Tu chatbot puede ser utilizado para brindar servicio al cliente o para vender productos y servicios. Esto puede aumentar tu volumen de ventas y mejorar la experiencia general del usuario.

Monitorea el rendimiento de tu chatbot y optimízalo: Monitorear el rendimiento de tu chatbot, como la tasa de conversión de usuarios, las solicitudes de usuarios y los comentarios de usuarios, te permite optimizar su rendimiento y mejorar la experiencia general del usuario.

Hay múltiples formas de ganar dinero con un chatbot basado en GPT-3.5, que incluyen:

Desarrollar y vender chatbots personalizados: Una de las principales oportunidades para ganar dinero con un chatbot basado en GPT-3.5 es desarrollar y vender chatbots personalizados para empresas e individuos. Puedes ofrecer tus servicios de desarrollo y personalización de chatbots a un precio fijo o por hora.

Ofrecer servicios de consultoría: Si tienes un profundo conocimiento de los chatbots e inteligencia artificial, puedes ofrecer servicios de consultoría a empresas que deseen utilizar un chatbot basado en GPT-3.5 para mejorar sus operaciones. Puedes ofrecer asesoramiento sobre cómo crear y configurar un chatbot, cómo integrarlo con otras tecnologías y cómo optimizar su rendimiento.

Vender chatbots preconfigurados: Si prefieres no desarrollar chatbots personalizados, puedes crear y vender chatbots preconfigurados para diversas industrias. Por ejemplo, puedes crear un chatbot de servicio al cliente, un chatbot de reserva de citas o un chatbot de ventas para empresas. Puedes vender estos chatbots a un precio fijo o a través de un modelo de suscripción.

Ofrecer servicios de capacitación: Si tienes experiencia en el uso de chatbots basados en GPT-3.5, puedes ofrecer servicios de capacitación a empresas e individuos que deseen aprender a utilizar estas herramientas. Puedes realizar seminarios y talleres para explicar los conceptos básicos del uso de chatbots y proporcionar ejemplos prácticos de cómo utilizarlos para mejorar la eficiencia empresarial.

Vender acceso a bases de datos de conversaciones: Si has desarrollado un chatbot basado en GPT-3.5 que ha interactuado con numerosos usuarios, puedes vender acceso a la base de datos de conversaciones a terceros. Esto puede ser útil para empresas que desean analizar las conversaciones de los usuarios para obtener información sobre las necesidades y deseos de los clientes.

Ofrecer servicios de análisis de datos: Si tienes habilidades de análisis de datos, puedes ofrecer servicios de análisis de datos a clientes que utilizan chatbots basados en GPT-3.5. Puedes utilizar herramientas de análisis de datos para extraer información valiosa de las conversaciones del chatbot y proporcionar informes detallados sobre los patrones de uso del chatbot y los comportamientos de los usuarios.

Vender servicios de monitoreo y mantenimiento: Si has desarrollado un chatbot basado en GPT-3.5 para un cliente, puedes ofrecer servicios de monitoreo y mantenimiento para asegurarte de que el chatbot funcione correctamente y se mantenga actualizado. Puedes supervisar el rendimiento del chatbot, solucionar problemas técnicos y actualizar el chatbot con nuevas funciones.

Ofrecer servicios de integración: Si tienes experiencia en desarrollo de software, puedes ofrecer servicios de integración a clientes que utilizan chatbots basados en GPT-3.5. Puedes integrar el chatbot con otras aplicaciones empresariales, como CRM, ERP y software de automatización de marketing, para optimizar la eficiencia empresarial.

Vender acceso a complementos y aplicaciones: Si has desarrollado complementos y aplicaciones para chatbots basados en GPT-3.5, puedes vender acceso a estas herramientas a clientes. Por ejemplo, puedes crear un complemento para integrar el chatbot con Facebook Messenger o una aplicación para crear encuestas con el chatbot.

Ofrecer servicios de marketing: Si tienes habilidades en marketing digital, puedes ofrecer servicios de marketing a clientes que utilizan chatbots basados en GPT-3.5. Puedes utilizar el chatbot para crear campañas de marketing automatizadas, enviar mensajes personalizados a los usuarios y mejorar la retención de clientes.

Es importante tener en cuenta que ganar dinero en línea con chatbots GPT requiere tiempo, esfuerzo y habilidades específicas. Sin embargo, aquí hay algunos pasos para comenzar:

Adquirir experiencia en chatbots e inteligencia artificial: Para ganar con chatbots GPT, debes adquirir habilidades específicas en chatbots e inteligencia artificial. Puedes tomar cursos en línea gratuitos o pagados, asistir a talleres o leer libros y artículos sobre el tema.

Identificar oportunidades de mercado: Una vez que tengas las habilidades, es esencial identificar oportunidades de mercado. Por ejemplo, puedes evaluar la demanda de chatbots personalizados en una industria específica o identificar las necesidades de los usuarios para desarrollar un chatbot que aborde sus requisitos.

Elegir la plataforma adecuada: Hay varias plataformas para el desarrollo de chatbots, como Dialogflow, IBM Watson, Microsoft Bot Framework, Amazon Lex y muchas otras. Es crucial elegir la plataforma en función de las necesidades del proyecto y tus habilidades técnicas.

Desarrollar chatbots personalizados: Una vez que hayas identificado una oportunidad de mercado y elegido la plataforma adecuada, puedes desarrollar chatbots personalizados para empresas o individuos. Puedes ofrecer tus servicios de desarrollo y personalización de chatbots a un precio fijo o por hora.

Ofrecer servicios de capacitación y consultoría: Si tienes experiencia en el uso de chatbots, puedes ofrecer servicios de capacitación y consultoría a empresas e individuos que deseen aprender a utilizar estas herramientas. Puedes realizar seminarios y talleres para explicar los conceptos básicos del uso de chatbots y proporcionar ejemplos prácticos de cómo utilizarlos para mejorar la eficiencia empresarial.

Vender acceso a bases de datos de conversaciones: Si has desarrollado un chatbot que ha interactuado con numerosos usuarios, puedes vender acceso a la base de datos de conversaciones a terceros. Esto puede ser útil para empresas que deseen analizar las conversaciones de los usuarios para obtener información sobre las necesidades y deseos de los clientes.

Ofrecer servicios de análisis de datos: Si tienes habilidades de análisis de datos, puedes ofrecer servicios de análisis de datos a clientes que utilizan chatbots. Puedes utilizar herramientas de análisis de datos para extraer información valiosa de las conversaciones del chatbot y proporcionar informes detallados sobre los patrones de uso del chatbot y los comportamientos de los usuarios.

Vender acceso a complementos y aplicaciones: Si has desarrollado complementos y aplicaciones para chatbots, puedes vender acceso a estas herramientas a clientes. Por ejemplo, puedes crear un complemento para integrar el chatbot con Facebook Messenger o una aplicación para crear encuestas con el chatbot.

Ofrecer servicios de marketing: Si tienes habilidades en marketing digital, puedes ofrecer servicios de marketing a clientes que utilizan chatbots. Puedes utilizar el chatbot para crear campañas de marketing automatizadas, enviar mensajes personalizados a los usuarios y mejorar la retención de clientes.

Monetizar los datos recopilados por los chatbots es una actividad delicada y depende de las regulaciones de privacidad y protección de datos personales en tu país. Antes de considerar cualquier forma de monetización de datos, es importante asegurarse de haber obtenido el consentimiento del usuario para la recopilación, procesamiento y uso de datos personales.

Dicho esto, aquí hay algunas opciones para monetizar los datos recopilados por los chatbots:

Venta de datos agregados: Si has recopilado una gran cantidad de datos, puedes vender datos agregados a terceros, como empresas de investigación de mercado o publicidad. Los datos agregados no incluyen información de identificación personal, sino estadísticas anónimas y agregadas.

Ofrecer servicios personalizados: Utilizando los datos recopilados por el chatbot, puedes ofrecer servicios personalizados a los usuarios, como recomendaciones de productos o servicios basados en sus intereses y comportamientos. Estos servicios se pueden ofrecer a cambio de una tarifa o como parte de un paquete de servicios más amplio.

Creación de modelos de aprendizaje automático: Utilizando los datos recopilados por el chatbot, puedes crear modelos de aprendizaje automático para mejorar la eficacia del chatbot. Estos modelos de aprendizaje automático se pueden vender a terceros que deseen utilizar estas herramientas para mejorar la eficacia de sus chatbots u otros productos basados en inteligencia artificial.

Ofrecer publicidad dirigida: Utilizando los datos recopilados por el chatbot, puedes ofrecer publicidad dirigida a los usuarios. Esto se puede hacer de manera discreta, utilizando los datos del usuario para ofrecer anuncios relevantes y significativos, en lugar de enviar anuncios intrusivos o molestos.

Desarrollo de productos basados en datos: Utilizando los datos recopilados del chatbot, puedes desarrollar nuevos productos o servicios basados en las necesidades y deseos de los usuarios. Por ejemplo, puedes crear un nuevo producto basado en la información recopilada de las conversaciones del chatbot, lo que permite crear un nuevo mercado o satisfacer una necesidad existente.

En Italia, la principal legislación relacionada con la privacidad y la protección de datos personales es el "Codice in materia di protezione dei dati personali", también conocido como "Privacy Code" o "D.lgs. 196/2003". Sin embargo, a partir del 25 de mayo de 2018, el Privacy Code fue reemplazado por el Reglamento General de Protección de Datos (RGPD) de la Unión Europea.

El RGPD es una regulación armonizada a nivel europeo y se aplica a todas las empresas que recopilan, procesan o utilizan datos personales de ciudadanos europeos, independientemente de su ubicación geográfica. El RGPD ha introducido nuevas obligaciones para las empresas en cuanto a la protección de datos personales y ha fortalecido los derechos de los usuarios con respecto a la recopilación, el procesamiento y el uso de sus datos personales.

Además del RGPD, Italia también cuenta con el "Garante per la protezione dei dati personali", una autoridad independiente encargada de garantizar la protección de los datos personales de los usuarios y hacer cumplir las regulaciones de privacidad. El Garante es responsable de proporcionar orientación sobre las regulaciones de privacidad, supervisar el cumplimiento de las empresas con las regulaciones e imponer sanciones en caso de violaciones.

El Reglamento General de Protección de Datos (RGPD) de la Unión Europea ha introducido varios derechos para los usuarios con respecto a la recopilación, el procesamiento y el uso de sus datos personales. Aquí tienes una descripción general de los principales derechos de los usuarios proporcionados por el RGPD:

Derecho a la Información: Los usuarios tienen derecho a ser informados de manera clara y transparente sobre los métodos de recopilación, procesamiento y uso de sus datos personales.

Derecho de Acceso: Los usuarios tienen derecho a acceder a sus datos personales y solicitar información sobre cómo se procesan y utilizan.

Derecho de Rectificación: Los usuarios tienen derecho a solicitar la corrección de sus datos personales en caso de inexactitudes o incompletitud.

Derecho a la Supresión (o "Derecho al Olvido"): Los usuarios tienen derecho a solicitar la supresión de sus datos personales en determinadas circunstancias, como cuando los datos ya no son necesarios para los fines para los que fueron recopilados.

Derecho a la Limitación del Tratamiento: Los usuarios tienen derecho a solicitar la limitación del procesamiento de sus datos personales en determinadas circunstancias, como cuando impugnan la exactitud de los datos.

Derecho a la Portabilidad de los Datos: Los usuarios tienen derecho a solicitar la transferencia de sus datos personales a otra empresa en un formato estructurado y legible por máquina.

Derecho de Oposición: Los usuarios tienen derecho a oponerse al procesamiento de sus datos personales por razones legítimas, como fines de marketing directo.

Además, el RGPD requiere que las empresas informen a los usuarios de manera clara y transparente sobre sus derechos con respecto a la protección de datos personales y respeten esos derechos. Las empresas deben proporcionar procedimientos para que los usuarios soliciten estos derechos y responder a las solicitudes de los usuarios dentro de un plazo limitado.

En resumen, el GDPR ha introducido varios derechos para los usuarios con respecto a la recopilación, procesamiento y uso de sus datos personales. Los usuarios tienen el derecho de ser informados claramente sobre los datos personales recopilados, corregidos y eliminados, de restringir el procesamiento de sus datos y de obtener sus datos personales en un formato estructurado y transferible. Las empresas deben respetar estos derechos y proporcionar procedimientos para que los usuarios los soliciten.

El Reglamento General de Protección de Datos (GDPR) de la Unión Europea impone sanciones significativas a las empresas que no cumplen con las normas de privacidad y protección de datos personales. Las sanciones pueden ser administrativas o penales y dependen de la gravedad de la violación. Aquí hay un resumen de las sanciones proporcionadas por el GDPR:

Sanciones administrativas: Las sanciones administrativas pueden imponerse hasta un máximo del 4% de la facturación anual de la empresa o hasta 20 millones de euros, según cuál de estas cantidades sea mayor. Las sanciones administrativas pueden imponerse por violaciones de las normas de privacidad y protección de datos personales, como la falta de obtención del consentimiento del usuario para la recopilación y uso de datos personales o la falta de notificación de una violación de datos personales.

Sanciones penales: Las sanciones penales pueden imponerse en casos de violaciones graves de las normas de privacidad y protección de datos personales. Las penas pueden incluir hasta un máximo de 2 años de prisión para los ejecutivos de la empresa o procesadores de datos.

Además, el GDPR permite a los usuarios buscar compensación por daños sufridos como resultado de una violación de las normas de privacidad y protección de datos personales. Las empresas que no cumplen con el GDPR pueden estar sujetas a reclamaciones de daños por parte de los usuarios.

Para evitar sanciones resultantes de la violación del Reglamento General de Protección de Datos (GDPR) de la Unión Europea, las empresas pueden tomar varias acciones. Aquí hay algunas de las acciones clave que las empresas pueden tomar:

Adoptar una política de privacidad clara y transparente: Las empresas deben adoptar una política de privacidad clara y transparente que proporcione información detallada sobre los métodos de recopilación, procesamiento y uso de los datos personales de los usuarios. La política de privacidad debe ser fácilmente accesible y comprensible.

Obtener el consentimiento explícito de los usuarios: Las empresas deben obtener el consentimiento explícito de los usuarios para la recopilación, procesamiento y uso de sus datos personales. El consentimiento debe obtenerse de manera clara y transparente y debe documentarse.

Implementar medidas de seguridad adecuadas: Las empresas deben implementar medidas de seguridad adecuadas para proteger los datos personales de los usuarios. Estas medidas pueden incluir controles de acceso, cifrado, copias de seguridad regulares y monitoreo constante del sistema.

Nombrar a un Delegado de Protección de Datos: Las empresas deben nombrar a un Delegado de Protección de Datos (DPO) que sea responsable de la protección de los datos personales de los usuarios y del cumplimiento de las regulaciones de privacidad. El DPO debe ser un experto en privacidad y protección de datos personales.

Capacitar al personal: Las empresas deben proporcionar capacitación periódica al personal sobre las regulaciones de privacidad y protección de datos personales. El personal debe estar consciente de las normas de privacidad y las responsabilidades de la empresa con respecto a la protección de datos personales.

Respetar los derechos de los usuarios: Las empresas deben respetar los derechos de los usuarios con respecto a la recopilación, procesamiento y uso de sus datos personales. Los usuarios deben ser informados de sus derechos y las solicitudes de los usuarios deben ser atendidas de manera rápida y profesional.

En cuanto a las sugerencias sobre cómo ganar dinero en línea, efectivamente hay muchas posibilidades. Algunas de ellas incluyen:

Trabajar como freelancer: Puedes ofrecer tus servicios en línea como freelancer en diversos campos, como escritura, programación, diseño, marketing o traducción. Plataformas en línea como Upwork, Freelancer o Fiverr pueden ayudarte a encontrar trabajo como freelancer.

Crear un blog o un canal de YouTube: Puedes crear un blog o un canal de YouTube sobre un tema de tu interés y monetizarlo a través de publicidad, patrocinios o venta de productos/servicios relacionados.

Participar en encuestas en línea: Algunas empresas ofrecen la oportunidad de participar en encuestas en línea y ganar dinero o puntos que se pueden convertir en efectivo.

Vender productos en línea: Puedes vender productos en línea en plataformas como Amazon, eBay o Etsy.

Invertir en criptomonedas: Puedes invertir en criptomonedas como Bitcoin, Ethereum o Litecoin, pero es importante recordar que las inversiones siempre conllevan cierto nivel de riesgo.

Trabajar como freelancer es una opción muy popular para ganar dinero en línea. Básicamente, los freelancers son profesionales que ofrecen sus servicios de forma independiente, sin estar vinculados a una empresa o un empleador. Los freelancers pueden trabajar en diversos campos, como escritura, programación, diseño, marketing o traducción.

Aquí están los principales pasos para convertirte en un freelancer:

Identifica tu área de especialización: El primer paso para convertirte en freelancer es identificar tu área de especialización. Considera en qué campo tienes habilidades y conocimientos específicos y dónde te sientes más cómodo. Por ejemplo, si eres bueno en escritura, puedes ofrecer tus servicios como redactor o escritor de contenido.

Crea un portafolio en línea: Crear un portafolio en línea es esencial para mostrar tus habilidades y trabajos anteriores a posibles clientes. Es una colección de tus mejores trabajos y ayuda a los clientes a comprender tus capacidades.

Únete a plataformas de freelancers: Hay muchas plataformas de freelancers disponibles donde puedes crear un perfil y empezar a ofrecer tus servicios. Algunas plataformas populares incluyen Upwork, Freelancer, Fiverr y Guru.

Promociónate: Como freelancer, es crucial promocionarte para atraer clientes. Usa las redes sociales, el networking y las comunidades en línea para promocionar tus servicios y construir una sólida reputación.

Establece tarifas competitivas: Determina tarifas competitivas para tus servicios, teniendo en cuenta factores como tu experiencia, habilidades y la demanda del mercado. Está dispuesto a negociar con los clientes, pero mantén una compensación justa por tu trabajo.

Entrega trabajos de alta calidad: Entregar trabajos de alta calidad es esencial para construir una buena reputación y asegurar trabajos recurrentes y reseñas positivas de los clientes.

Mantén la profesionalidad: Siempre comunícate de manera profesional con los clientes, cumple con los plazos y responde a las consultas. La profesionalidad es clave para establecer relaciones a largo plazo con los clientes.

Convertirte en un freelancer exitoso requiere tiempo y esfuerzo, pero con dedicación y perseverancia, puedes establecer una carrera de freelancing en línea gratificante.

Crear un perfil en línea: Una vez que hayas identificado tu área de especialización, debes crear un perfil en línea en una plataforma de freelancers como Upwork, Freelancer o Fiverr. Tu perfil debe incluir una descripción precisa de tus habilidades, experiencias y calificaciones, junto con ejemplos de tus trabajos anteriores.

Buscar trabajos: Después de crear tu perfil, puedes buscar trabajos que se ajusten a tus habilidades. Las plataformas de freelancers ofrecen una amplia gama de trabajos en diversas industrias, desde proyectos a corto plazo hasta contratos a largo plazo.

Establecer el precio y la tarifa: Una vez que hayas encontrado un trabajo, debes definir el precio y la tarifa por tu trabajo. Puedes optar por cobrar un precio fijo por el trabajo o una tarifa por hora. El precio debe ser justo y competitivo en comparación con otros freelancers en el campo.

Trabajar duro: Una vez que hayas conseguido un trabajo, trabaja duro para completarlo dentro del plazo acordado y con la máxima calidad posible. Tu reputación como freelancer depende de la calidad del trabajo que entregas.

En resumen, trabajar como freelancer es una opción popular para ganar dinero en línea. Para convertirte en freelancer, debes identificar tu área de especialización, crear un perfil en línea, buscar trabajos, establecer el precio y la tarifa, y trabajar duro para entregar trabajos profesionales y de alta calidad.

Aquí están algunas de las plataformas de freelancers más populares:

Upwork: Upwork es una de las plataformas de freelancers más grandes del mundo, con más de 12 millones de freelancers registrados y 5 millones de clientes activos. Upwork ofrece trabajos en diversos sectores, incluyendo escritura, programación, diseño, marketing y traducción.

Freelancer: Freelancer es otra plataforma de freelancers muy popular con más de 50 millones de usuarios registrados en todo el mundo. Freelancer ofrece trabajos en diversos sectores, incluyendo escritura, programación, diseño, marketing y traducción.

Fiverr: Fiverr es una plataforma de freelancers especializada en trabajos a corto plazo, con un precio base de $5 por trabajo. Fiverr ofrece trabajos en varios sectores, como escritura, programación, diseño y marketing.

Guru: Guru es una plataforma de freelancers que ofrece trabajos en varios sectores, incluyendo escritura, programación, diseño, marketing y traducción. Guru cuenta con más de 3 millones de miembros registrados en todo el mundo.

PeoplePerHour: PeoplePerHour es una plataforma de freelancers con sede en el Reino Unido que ofrece trabajos en varios sectores, incluyendo escritura, programación, diseño y marketing. PeoplePerHour fue fundada en 2007 y cuenta con más de 2.5 millones de miembros registrados en todo el mundo.

Toptal: Toptal es una plataforma de freelancers especializada en trabajos de programación, diseño y desarrollo. Toptal selecciona solo a los mejores profesionales de la industria, ofreciendo a los clientes los mejores talentos disponibles.

Aquí tienes una breve guía sobre cómo registrarte en algunas de las principales plataformas de freelancers:

Upwork:

Para registrarte en Upwork, debes visitar el sitio web de Upwork y hacer clic en el botón "Registrarse". Luego, debes ingresar tu nombre, dirección de correo electrónico y crear una contraseña. Después, deberás completar tu perfil y proporcionar detalles sobre tu experiencia laboral y habilidades. Una vez que tu perfil esté completo, puedes comenzar a buscar trabajos y enviar propuestas a los clientes.

Freelancer:

Para registrarte en Freelancer, debes visitar el sitio web de Freelancer y hacer clic en el botón "Unirse". Luego, debes ingresar tu nombre, dirección de correo electrónico y crear una contraseña. Después, deberás completar tu perfil y proporcionar detalles sobre tu experiencia laboral y habilidades. Una vez que tu perfil esté completo, puedes comenzar a buscar trabajos y enviar propuestas a los clientes.

Fiverr:

Para registrarte en Fiverr, debes visitar el sitio web de Fiverr y hacer clic en el botón "Unirse". Luego, debes ingresar tu nombre, dirección de correo electrónico y crear una contraseña. Después, deberás completar tu perfil y proporcionar detalles sobre tu experiencia laboral y habilidades. Una vez que tu perfil esté completo, puedes crear tus "gigs" (servicios que ofreces) y comenzar a buscar clientes.

Guru:

Para registrarte en Guru, debes visitar el sitio web de Guru y hacer clic en el botón "Registrarse". Luego, debes ingresar tu nombre, dirección de correo electrónico y crear una contraseña. Después, deberás completar tu perfil y proporcionar detalles sobre tu experiencia laboral y habilidades. Una vez que tu perfil esté completo, puedes comenzar a buscar trabajos y enviar propuestas a los clientes.

PeoplePerHour:

Para registrarte en PeoplePerHour, debes visitar el sitio web de PeoplePerHour y hacer clic en el botón "Unirse". Luego, debes ingresar tu nombre, dirección de correo electrónico y crear una contraseña. Después, deberás completar tu perfil y proporcionar detalles sobre tu experiencia laboral y habilidades. Una vez que tu perfil esté completo, puedes comenzar a buscar trabajos y enviar propuestas a los clientes.

Toptal:

Para registrarte en Toptal, debes visitar el sitio web de Toptal y hacer clic en el botón "Unirse a Toptal como Freelancer". Luego, debes ingresar tu nombre, dirección de correo electrónico y crear una contraseña. Después, deberás completar tu perfil y proporcionar detalles sobre tu experiencia laboral y habilidades. Una vez que tu perfil esté completo, Toptal evaluará tu solicitud y, si eres seleccionado, te conectará con clientes.

Hay muchas otras plataformas de freelancers que puedes considerar. Aquí hay algunas otras opciones:

99designs: 99designs es una plataforma especializada en diseño gráfico, ofreciendo trabajos como diseño de logotipos, diseño de sitios web, diseño de empaques y más.

SimplyHired: SimplyHired es una plataforma global de búsqueda de empleo que permite a los freelancers encontrar trabajos en diversos sectores, como escritura, programación, diseño y marketing.

Topcoder: Topcoder es una plataforma especializada en desarrollo de software y diseño, ofreciendo trabajos como desarrollo de aplicaciones, diseño de sitios web y más.

Bark: Bark es una plataforma de freelancers que permite a los freelancers encontrar trabajos en varios sectores, como escritura, programación, diseño y marketing.

TaskRabbit: TaskRabbit es una plataforma de freelancers especializada en trabajos de mantenimiento del hogar, como limpieza, jardinería y reparaciones.

Hirable: Hirable es una plataforma de freelancers que ofrece trabajos en varios sectores, como escritura, programación, diseño, marketing, así como campos legales, médicos y financieros.

Workana: Workana es una plataforma de freelancers que ofrece trabajos en varios sectores, como escritura, programación, diseño y marketing, con una fuerte presencia en América Latina.

Aquí hay algunas plataformas de freelance que ofrecen trabajos en sectores específicos:

TranslatorsCafe: TranslatorsCafe es una plataforma especializada en traducción, que ofrece trabajos de traducción en diversos sectores, incluyendo legal, médico, técnico y comercial.

ProZ: ProZ es otra plataforma especializada en traducción, que ofrece trabajos de traducción en diferentes sectores, como legal, médico, técnico y comercial.

Shutterstock: Shutterstock es una plataforma especializada en fotografía y video, que permite a fotógrafos y videomakers vender sus imágenes y videos a clientes de todo el mundo.

Getty Images: Getty Images es otra plataforma especializada en fotografía y video, que permite a fotógrafos y videomakers vender sus imágenes y videos a clientes de todo el mundo.

Voices.com: Voices.com es una plataforma especializada en locución y doblaje, que permite a actores de voz y artistas encontrar trabajos en diversos sectores, incluyendo publicidad, cine, animación y videojuegos.

ArtStation: ArtStation es una plataforma especializada en arte digital, que permite a artistas digitales vender sus obras y encontrar trabajos como artistas conceptuales, diseñadores de personajes e ilustradores.

Musicbed: Musicbed es una plataforma especializada en música para producción de videos, que permite a músicos vender su música y encontrar trabajos como compositores y productores musicales.

Ten en cuenta que cada plataforma tiene sus propias políticas, requisitos y procedimientos de registro, por lo que es esencial leer cuidadosamente las instrucciones y proporcionar información precisa y veraz para maximizar tus oportunidades de encontrar trabajo.

Muchas plataformas de freelance ofrecen oportunidades incluso si no tienes experiencia profesional. Sin embargo, la mayoría de los clientes prefieren contratar a freelancers con al menos alguna experiencia en la industria en la que buscan trabajadores. Si careces de experiencia profesional, podrías considerar buscar trabajos que requieran habilidades básicas o comenzar con proyectos de bajo costo para adquirir experiencia y construir tu portafolio. Algunas plataformas, como Fiverr, también ofrecen trabajos de bajo costo, como proyectos de redacción simple o diseño gráfico, que pueden ser un buen punto de partida para principiantes.

Además, podrías considerar participar en cursos en línea gratuitos o de bajo costo para adquirir nuevas habilidades y mejorar tus conocimientos. Hay numerosos recursos en línea disponibles para mejorar habilidades, como tutoriales en video, cursos en línea y tutoriales gratuitos.

En general, es crucial ser transparente sobre tu experiencia y habilidades al buscar trabajo como freelancer y proporcionar un portafolio preciso y veraz para mostrar tus habilidades. Con el tiempo y la experiencia, puedes aumentar tu reputación y visibilidad en las plataformas de freelance, accediendo a trabajos más lucrativos.

Crear un blog o un canal de YouTube puede ser una opción para ganar dinero en línea. Aquí hay algunos pasos que puedes seguir para crear un blog o un canal de YouTube:

Elige el tema de tu blog o canal de YouTube. Es esencial elegir un tema que te apasione y que pueda atraer a una audiencia.

Crea tu blog o canal de YouTube. Puedes usar plataformas como WordPress para crear un blog o YouTube para un canal.

Produce contenido de alta calidad. Ya sea que escribas entradas de blog o crees videos de YouTube, es importante generar contenido informativo, útil y atractivo para tu audiencia.

Promociona tu blog o canal de YouTube. Puedes promocionar tu blog o canal a través de las redes sociales, foros en línea y otras plataformas de marketing.

Monetiza tu blog o canal de YouTube. Puedes monetizar tu blog o canal a través de la publicidad, patrocinios o vendiendo productos/servicios relacionados.

Continúa creando contenido de alta calidad e interactuando con tu audiencia para aumentar la visibilidad y popularidad.

Recuerda que crear un blog o un canal de YouTube lleva tiempo y compromiso, pero puede ser una fuente gratificante de ingresos pasivos una vez que hayas construido una audiencia fiel.

Hay diversas formas de promocionar tu blog o canal de YouTube y aumentar la visibilidad y el compromiso del público. Aquí hay algunas sugerencias:

Utiliza las redes sociales: Promociona tu contenido en plataformas de redes sociales como Facebook, Twitter, Instagram, LinkedIn y otras. Comparte tus entradas de blog o videos y utiliza hashtags relevantes para llegar a una audiencia más amplia.

Crea una newsletter: Establece una newsletter para tus lectores o espectadores para mantenerlos informados sobre nuevo contenido y actualizaciones.

Colabora con otros bloggers o YouTubers: Busca otros bloggers o YouTubers que aborden temas similares y colabora con ellos para crear contenido conjunto o promocionarse mutuamente.

Utiliza el SEO: Asegúrate de que tu blog o canal de YouTube esté optimizado para los motores de búsqueda utilizando palabras clave relevantes, descripciones meta y títulos atractivos.

Participa en comunidades en línea: Participa en comunidades en línea como foros de discusión, grupos de Facebook o subreddits relevantes para promocionar tu contenido.

Ofrece contenido gratuito: Proporciona contenido gratuito como guías, ebooks o recursos útiles a tu audiencia y promociónalos a través de las redes sociales u otras plataformas de marketing.

Participa en eventos y conferencias: Asiste a eventos y conferencias relevantes a tu tema y promociona tu blog o canal de YouTube a través de networking y promoción directa. Recuerda que la promoción de tu blog o canal de YouTube requiere tiempo y compromiso constante, pero puede ayudarte a llegar a una audiencia más amplia y construir tu reputación como blogger o YouTuber.

Aquí hay algunos consejos para optimizar tu blog o canal de YouTube para los motores de búsqueda:

Utiliza palabras clave relevantes: Incorpora palabras clave relevantes en el título de tu blog o video, así como en la descripción y etiquetas. Utiliza herramientas como Google Keyword Planner o Ubersuggest para encontrar palabras clave relevantes para tu tema.

Crea contenido de alta calidad: Genera contenido informativo, útil y atractivo para tu audiencia. Los motores de búsqueda premian el contenido de alta calidad con mejores clasificaciones en los resultados de búsqueda.

Utiliza descripciones y etiquetas adecuadas: Incluye descripciones y etiquetas adecuadas para tus entradas de blog o videos. Las descripciones y etiquetas proporcionan información valiosa a los motores de búsqueda sobre el contenido de tu blog o canal de YouTube.

Crea una URL clara y sencilla: Elabora una URL clara y sencilla para tu blog o canal de YouTube. Una URL sencilla ayuda a los motores de búsqueda a identificar tu blog o canal de manera más efectiva.

Utiliza imágenes y videos de alta calidad: Incorpora imágenes y videos de alta calidad en tus entradas o videos. Las imágenes y videos de alta calidad mejoran la experiencia del usuario y pueden mejorar las clasificaciones en los resultados de búsqueda.

Promociona tu blog o canal de YouTube en otros sitios web: Promociona tu blog o canal de YouTube en otros sitios web relevantes para tu tema. Esto puede ayudar a mejorar la autoridad de tu sitio web o canal de YouTube a los ojos de los motores de búsqueda.

Optimiza la velocidad de carga del sitio o canal: Asegúrate de que tu sitio web o canal de YouTube cargue rápidamente. Los sitios web o canales con tiempos de carga lentos pueden ser penalizados por los motores de búsqueda.

Utiliza un diseño adaptable: Utiliza un diseño adaptable para tu sitio web o canal de YouTube. Un diseño adaptable permite que tu sitio web o canal se adapte a diferentes tamaños de pantalla, mejorando la experiencia del usuario y las clasificaciones en los resultados de búsqueda.

Utiliza enlaces internos y externos: Incorpora enlaces internos y externos en tus entradas o videos. Los enlaces internos mejoran la navegación del sitio web o canal, mientras que los enlaces externos pueden aumentar la autoridad de tu sitio web o canal de YouTube a los ojos de los motores de búsqueda.

Crear un mapa del sitio: Genera un mapa del sitio para tu sitio web o canal de YouTube y envíalo a los motores de búsqueda. Un mapa del sitio proporciona una lista de todas las páginas de tu sitio web o canal, ayudando a los motores de búsqueda a identificar tu contenido de manera más efectiva.

Utiliza las redes sociales: Promociona tu blog o canal de YouTube utilizando las redes sociales. Las redes sociales pueden ayudar a generar tráfico a tu sitio web o canal de YouTube, mejorando las clasificaciones en los resultados de búsqueda.

Crea contenido evergreen: Produce contenido evergreen, que sigue siendo relevante con el tiempo. El contenido evergreen puede atraer tráfico constante a tu sitio web o canal de YouTube con el tiempo.

Utiliza datos estructurados: Utiliza datos estructurados para proporcionar información detallada sobre tu contenido a los motores de búsqueda. Los datos estructurados pueden mejorar tu posición en los resultados de búsqueda y ayudar a generar clics más cualificados.

Ten cuidado con las penalizaciones de los motores de búsqueda: Sé cauteloso con las penalizaciones de los motores de búsqueda, como contenido duplicado, construcción de enlaces artificiales, contenido de baja calidad o técnicas de spam. Tales penalizaciones pueden perjudicar el ranking de tu sitio web o canal de YouTube en los resultados de búsqueda.

Después de crear tu perfil en una plataforma de freelance, puedes acceder a la sección de "buscar trabajos" o "encontrar trabajos". En esta sección, tendrás la oportunidad de buscar trabajos que se ajusten a tus habilidades.

Las plataformas de freelance ofrecen una amplia gama de trabajos en diversos sectores, incluyendo:

Escritura y traducción: Trabajos en este sector incluyen escribir artículos, crear contenido web, traducir textos, corregir pruebas, redactar currículums, preparar discursos y mucho más.

Diseño y desarrollo: Trabajos en este sector incluyen crear sitios web, programación web, diseño gráfico, creación de logotipos, edición de imágenes y mucho más.

Marketing y publicidad: Trabajos en este sector incluyen gestionar campañas publicitarias, crear contenido para redes sociales, gestión de redes sociales, redacción de correos electrónicos de marketing, crear anuncios y mucho más.

Administración y soporte: Trabajos en este sector incluyen gestión de correo electrónico, gestión de calendario, gestión de archivos, gestión de bases de datos, soporte técnico y mucho más.

Servicios profesionales: Trabajos en este sector incluyen consultoría, contabilidad, gestión de recursos humanos, gestión de proyectos y mucho más.

Una vez que encuentres trabajos que se ajusten a tus habilidades, puedes postularte para el trabajo proporcionando una propuesta detallada que explique cómo piensas manejar el trabajo y tus tarifas. Recuerda que la competencia puede ser alta para algunos trabajos, por lo que es esencial enviar una propuesta de alta calidad que muestre tu experiencia y habilidades.

Aquí hay algunos detalles adicionales sobre cómo buscar trabajos en plataformas de freelance:

Filtrar los resultados de búsqueda: La mayoría de las plataformas de freelance te permiten filtrar los resultados de búsqueda según la categoría, el tipo de trabajo, el presupuesto y otros criterios. Utiliza estos filtros para encontrar los trabajos más relevantes para tus habilidades.

Leer cuidadosamente las descripciones de trabajo: Antes de postularte para un trabajo, lee cuidadosamente la descripción del trabajo y asegúrate de entender completamente las necesidades del cliente. De esta manera, puedes presentar una propuesta de alta calidad que cumpla con los requisitos del cliente.

Revisar las reseñas de los clientes: Muchas plataformas de freelance permiten a los clientes dejar reseñas sobre los freelancers. Revisa las reseñas de los clientes para tener una idea de su experiencia trabajando con el profesional. Esto te ayudará a evaluar si el cliente es confiable y si vale la pena postularte para el trabajo.

Enviar una propuesta de alta calidad: Al postularte para un trabajo, presenta una propuesta de alta calidad que muestre tu experiencia y habilidades. Proporciona información detallada sobre tu enfoque para el trabajo, tus tarifas y tu experiencia en la materia.

Mantener la comunicación con el cliente: Una vez que hayas asegurado el trabajo, es esencial mantener una comunicación regular con el cliente para asegurarte de cumplir con sus necesidades. Responde rápidamente a sus preguntas y proporciona actualizaciones periódicas sobre el estado del trabajo.

Mantener una buena reputación: Para tener éxito como freelancer, es esencial mantener una buena reputación. Completa el trabajo de manera puntual y con alta calidad, cumple con los plazos y comunica claramente con los clientes. Esto te ayudará a obtener reseñas positivas y asegurar trabajos futuros.

Aquí hay algunos consejos para construir un portafolio de freelance sólido:

Selecciona tus mejores trabajos: Escoge tus trabajos de mayor calidad para tu portafolio. Elige proyectos que demuestren tus habilidades y experiencia de manera clara y convincente.

Muestra tu variedad: Asegúrate de incluir una variedad de trabajos en tu portafolio para demostrar tu versatilidad. También incluye proyectos que muestren tu capacidad para adaptarte a diferentes estilos y necesidades de los clientes.

Describe tus proyectos: Proporciona descripciones detalladas de tus proyectos en el portafolio. Explica tu papel en el proyecto, los desafíos que enfrentaste y cómo resolviste cualquier problema. Esto demuestra tu competencia y habilidades de gestión de proyectos.

Utiliza medios visuales: Utiliza medios visuales como imágenes, videos y gráficos para mostrar tus proyectos de manera efectiva. Incluye capturas de pantalla de tu trabajo, videos de presentación o demostración y otros elementos visuales para destacar tu trabajo.

Destaca los resultados: Demuestra los resultados que lograste con tus proyectos. Por ejemplo, si creaste una exitosa campaña publicitaria, incluye los resultados como aumento en las ventas o tráfico del sitio web.

Actualiza regularmente tu portafolio: Mantén tu portafolio actualizado con tus trabajos más recientes. De esta manera, los clientes potenciales pueden ver que estás activo y trabajando continuamente en nuevos proyectos.

Solicita opiniones de los clientes: Pide comentarios a tus clientes sobre tus proyectos y utiliza estos comentarios para mejorar continuamente tu trabajo. Incluir comentarios positivos en tus proyectos mostrará tu capacidad para satisfacer las necesidades de los clientes.

Un portafolio bien elaborado y actualizado puede ayudar a demostrar tu experiencia y habilidades como freelancer, lo que en última instancia te ayudará a asegurar trabajos futuros.

Además, personaliza tu portafolio para trabajos específicos: Si estás buscando trabajo en una industria particular o para un tipo específico de cliente, adapta tu portafolio para satisfacer sus necesidades. Por ejemplo, si buscas trabajo de diseño gráfico para una empresa de moda, incluye proyectos que muestren tu experiencia en diseño de moda.

Pide opiniones a otros: Busca comentarios de amigos, colegas o profesionales de la industria sobre tu portafolio. Pide una opinión honesta y utilízala para mejorar tu portafolio.

Sé selectivo: Elige cuidadosamente los trabajos que incluyes en tu portafolio. Selecciona aquellos que mejor representen tus habilidades y demuestren tu capacidad para resolver problemas y satisfacer las necesidades de los clientes.

Agrega una sección "Acerca de mí": Crea una sección "Acerca de mí" en tu portafolio para presentarte a los posibles clientes. Incluye una breve biografía, tus habilidades y experiencia laboral. Esto ayudará a los clientes a conocerte y conocer mejor tus habilidades.

Incluye una sección de "Testimonios": Incluye una sección de "Testimonios" en tu portafolio donde los clientes puedan dejar comentarios y reseñas sobre tu trabajo. Esto puede ayudar a demostrar tu experiencia y tu capacidad para satisfacer las necesidades de los clientes.

Muestra tu creatividad: Muestra tu creatividad y capacidad para pensar de manera innovadora en tu portafolio. Incluye proyectos que demuestren tu capacidad para encontrar soluciones creativas a los problemas de los clientes.

Utiliza palabras clave: Utiliza palabras clave en tu portafolio para ayudar a los clientes potenciales a encontrar fácilmente tu trabajo. Utiliza palabras clave relevantes relacionadas con tu industria y habilidades.

Presta atención al diseño: Presta atención al diseño de tu portafolio. Asegúrate de que el diseño sea profesional, atractivo y fácil de navegar. Utiliza imágenes de alta calidad y un diseño limpio y organizado.

Incluye proyectos personales: Agrega proyectos personales en tu portafolio para demostrar tu creatividad y pasión por tu trabajo. Esto también muestra tu capacidad para trabajar de manera independiente y encontrar soluciones innovadoras a los problemas.

Sé auténtico: Sé auténtico y honesto en tu portafolio. No exageres tus habilidades o logros. Siempre sé transparente con los posibles clientes y demuestra tu capacidad para trabajar de manera ética y profesional.

Incluye proyectos exitosos: Agrega proyectos exitosos en tu portafolio. Estos proyectos deben demostrar tu habilidad para resolver problemas y satisfacer eficazmente las necesidades de los clientes.

Muestra tu educación: Si tienes educación o certificaciones específicas, inclúyelas en tu portafolio. Esto puede ayudar a demostrar tu experiencia en tu campo y aumentar tu credibilidad como profesional.

Muestra tu evolución: Destaca tu evolución como profesional en tu portafolio. Incluye tus primeros trabajos y tus proyectos más recientes para demostrar tu crecimiento y habilidad para mejorar continuamente.

Presta atención a la presentación: Presta atención a la presentación de tu portafolio. Asegúrate de que sea fácil de navegar y que los proyectos estén organizados de manera lógica. Utiliza imágenes de alta calidad y descripciones detalladas para mostrar tu trabajo.

Incluye una sección "Proceso de Trabajo": Agrega una sección "Proceso de Trabajo" en tu portafolio, explicando tu enfoque para trabajar y el proceso que sigues para completar proyectos. Esto demuestra tu profesionalismo y habilidad para gestionar proyectos de manera efectiva.

Muestra tu personalidad: Muestra tu personalidad en tu portafolio. Incluye elementos que reflejen tu creatividad, sentido del humor o pasión por tu trabajo. Esto puede ayudar a que los posibles clientes conecten contigo a nivel personal.

Sé específico: Sé específico en tu portafolio. Describe exactamente cuáles son tus habilidades y cómo has resuelto los problemas de tus clientes. Esto demuestra tu capacidad para trabajar con enfoque y satisfacer las necesidades de los clientes.

Presta atención a los detalles: Presta atención a cada detalle de tu portafolio. Asegúrate de que las imágenes estén bien recortadas y que las descripciones estén escritas de manera clara y correcta. Presta atención a detalles gráficos, como la elección de colores y fuentes, para resaltar tu trabajo.

Incluye proyectos diversos: Agrega proyectos diversos en tu portafolio para demostrar tu versatilidad. Por ejemplo, si eres un diseñador gráfico, podrías incluir proyectos de branding, diseño web y diseño de empaques.

Presta atención a la tipografía: Sé cuidadoso con tu elección de fuentes en tu portafolio. Utiliza fuentes legibles y profesionales para asegurarte de que las descripciones de los proyectos sean fáciles de leer.

Utiliza un lenguaje claro: Emplea un lenguaje claro y sencillo en tu portafolio. Evita el lenguaje técnico y explica tus proyectos de manera que cualquiera pueda entender.

Incluye proyectos de voluntariado: Si has realizado voluntariado o trabajado en proyectos pro bono, inclúyelos en tu portafolio. Esto demuestra tu pasión por tu trabajo y tu habilidad para utilizar tus habilidades para ayudar a otros.

Incluye una sección de "Contacto": Añade una sección de "Contacto" en tu portafolio donde los posibles clientes puedan encontrar tu dirección de correo electrónico, número de teléfono y perfiles en redes sociales. Esto facilita que los posibles clientes se pongan en contacto contigo para discutir posibles trabajos.

Comparte tu portafolio en redes sociales: Comparte tu portafolio en tus perfiles de redes sociales como LinkedIn, Twitter o Instagram. Esto puede ayudar a promocionar tu trabajo y llegar a una audiencia más amplia.

Incluye proyectos en curso: Si estás trabajando actualmente en un proyecto, inclúyelo en tu portafolio. Esto demuestra tu capacidad para manejar proyectos complejos y tu atención al detalle.

Sé consistente: Mantén la coherencia en la presentación de tu portafolio. Utiliza el mismo estilo gráfico para todos tus proyectos y asegúrate de que tu portafolio tenga un aspecto cohesionado y profesional.

Incluye una sección de "Reconocimientos": Si has recibido premios o reconocimientos por tu trabajo, inclúyelos en tu portafolio. Esto demuestra tu experiencia y habilidad para producir trabajos de alta calidad.

Sé abierto a las críticas: Acepta las críticas y los comentarios sobre tu portafolio. Utiliza los comentarios para mejorar tu trabajo y satisfacer mejor las necesidades de tus clientes.

Incluye proyectos que demuestren tus habilidades de trabajo en equipo: Si has trabajado en proyectos en los que colaboraste con otros profesionales o un equipo, inclúyelos en tu portafolio. Esto demuestra tu capacidad para trabajar de manera colaborativa y manejar proyectos complejos.

Incluye proyectos que demuestren tu conocimiento de la industria: Incluye proyectos que demuestren tu conocimiento de tu industria. Por ejemplo, si eres un redactor, podrías incluir proyectos de marketing de contenidos o creación de boletines informativos.

Presta atención a la coherencia del tono: Sé consciente de mantener un tono coherente en tu portafolio. Utiliza el mismo estilo de escritura para todas las descripciones de los proyectos y asegúrate de que el tono sea profesional y coherente.

Incluye proyectos que demuestren habilidades de resolución de problemas: Incluye proyectos que demuestren tus habilidades de resolución de problemas. Describe el problema que tenía el cliente y cómo encontraste una solución efectiva.

Incluye proyectos que demuestren tu capacidad de adaptación: Incluye proyectos que demuestren tu habilidad para adaptarte a las necesidades del cliente. Describe cómo cambiaste tu enfoque para satisfacer los requisitos del cliente.

Utiliza la cantidad adecuada de información: Utiliza la cantidad apropiada de información en tu portafolio. Evita incluir demasiados detalles técnicos o descripciones excesivamente largas. Sé conciso e incluye solo la información más importante.

Incluye proyectos que demuestren tus habilidades de gestión del tiempo: Incluye proyectos que demuestren tus habilidades de gestión del tiempo. Describe cómo planificaste y gestionaste el proyecto de manera efectiva.

Incluye proyectos que demuestren tus habilidades de comunicación: Incluye proyectos que demuestren tus habilidades de comunicación efectiva. Describe cómo te comunicaste con el cliente durante el proyecto y cómo enfrentaste cualquier desafío de comunicación.

Presta atención a la privacidad del cliente: Sé consciente de la privacidad del cliente en tu portafolio. No reveles información confidencial sobre clientes o sus proyectos sin su permiso.

Mantente actualizado: Mantente al día con las últimas tendencias y tecnologías en tu industria. Mantén tu portafolio actualizado e incluye proyectos que demuestren tu conocimiento de las últimas tendencias de la industria.

Incluye proyectos que demuestren tu capacidad de innovación: Incluye proyectos que demuestren tu capacidad de innovar. Describe cómo utilizaste nuevas tecnologías o ideas creativas para resolver el problema del cliente.

Incluye proyectos que demuestren tus habilidades de gestión de presupuesto: Incluye proyectos que demuestren tu capacidad para gestionar el presupuesto del cliente. Describe cómo planificaste y gestionaste el presupuesto de manera efectiva.

Incluye proyectos que demuestren tus habilidades de gestión de plazos: Incluye proyectos que demuestren tu capacidad para gestionar plazos. Describe cómo planificaste y gestionaste el proyecto para cumplir con los plazos.

Utiliza presentaciones interactivas: Utiliza una presentación interactiva para tu portafolio. Por ejemplo, podrías crear un sitio web o un documento PDF interactivo que incluya videos, animaciones u otras características interactivas.

Incluye proyectos que demuestren tu capacidad para lograr resultados: Incluye proyectos que demuestren tu capacidad para lograr resultados para el cliente. Describe cómo tu trabajo ayudó al cliente a alcanzar sus objetivos comerciales.

Presta atención a la calidad de las imágenes: Presta atención a la calidad de las imágenes en tu portafolio. Utiliza imágenes de alta calidad que muestren de manera efectiva tu trabajo.

Incluye proyectos que demuestren tus habilidades de creación de contenido: Si eres un redactor o un creador de contenido, incluye proyectos que demuestren tus habilidades de creación de contenido. Por ejemplo, podrías incluir proyectos de redacción de blogs, creación de videos o producción de podcasts.

Incluye proyectos que demuestren tus habilidades de creación de marcas: Si eres un diseñador gráfico, incluye proyectos que demuestren tu capacidad para crear marcas. Describe cómo creaste una marca efectiva que represente de manera precisa al cliente.

Incluye proyectos que demuestren tu capacidad para mejorar resultados: Incluye proyectos que demuestren tu capacidad para mejorar los resultados del cliente. Describe cómo realizaste mejoras en el trabajo anterior del cliente y cómo esto condujo a mejores resultados.

Sé original: Sé original en tu portafolio. Utiliza un diseño único y creativo para mostrar tu trabajo y atraer la atención de posibles clientes.

Participa en encuestas en línea: Algunas empresas ofrecen la oportunidad de participar en encuestas en línea y ganar dinero o puntos que se pueden convertir en efectivo. Estas encuestas son utilizadas por las empresas para recopilar información sobre sus productos o servicios, su reputación y sus competidores. Los participantes en las encuestas son seleccionados en función de sus datos demográficos y preferencias, por lo que es importante proporcionar información precisa durante el registro. Participar en encuestas en línea no requiere habilidades particulares y puede ser una forma fácil y rápida de ganar dinero extra.

Vende productos en línea: Puedes vender productos en línea en plataformas como Amazon, eBay o Etsy. Puedes vender productos hechos a mano, productos vintage o productos nuevos que hayas comprado y desees revender. Es importante elegir los productos adecuados y establecer precios competitivos para atraer a los clientes. Además, deberás gestionar los envíos de productos y las devoluciones, por lo que ser organizado y confiable es importante.

Invierte en criptomonedas: Las criptomonedas son monedas digitales que utilizan la criptografía para garantizar la seguridad y privacidad de las transacciones. Puedes invertir en criptomonedas como Bitcoin, Ethereum o Litecoin comprándolas en una plataforma de intercambio de criptomonedas. Es importante recordar que las inversiones siempre conllevan cierto riesgo, por lo que es importante investigar a fondo antes de invertir y consultar a un experto financiero si es necesario. Además, las criptomonedas están sujetas a fluctuaciones significativas de precios, por lo que es importante gestionar el riesgo y no invertir más de lo que puedas permitirte perder.

Para vender productos en línea, puedes utilizar plataformas como Amazon, eBay o Etsy, que te permiten llegar a una amplia audiencia de posibles compradores. Además, puedes crear tu propio sitio web de comercio electrónico para vender tus productos de forma independiente.

Lo primero que debes hacer es elegir el tipo de producto que deseas vender. Puedes vender productos hechos a mano, artículos vintage o productos nuevos que hayas comprado y desees revender. Es importante elegir productos de interés para tu público objetivo y que satisfagan una necesidad específica del mercado. Además, deberás realizar una investigación de mercado para comprender qué productos ya están disponibles en el mercado y cómo puedes diferenciarte.

Una vez que hayas elegido los productos, es esencial establecer precios competitivos para atraer a los clientes. También deberás gestionar el envío de productos y las devoluciones, por lo que ser organizado y confiable es crucial. Puedes utilizar un servicio de envío como USPS, FedEx o UPS para gestionar el envío y la entrega de tus productos.

Para promocionar tus productos en línea, puedes utilizar publicidad en línea, redes sociales y marketing digital. Por ejemplo, puedes utilizar publicidad en plataformas como Facebook o Google para llegar a nuevos clientes, o utilizar el marketing por correo electrónico para mantener a los clientes existentes informados sobre tus productos y promociones.

En general, vender productos en línea puede ser una forma efectiva de ganar dinero, pero requiere tiempo y esfuerzo para gestionar el envío, las devoluciones y el marketing de tus productos. Sin embargo, si eres organizado y tienes un producto de calidad, puedes crear un negocio de comercio electrónico exitoso.

Una vez que hayas decidido el tipo de producto que deseas vender, es esencial crear una descripción detallada y atractiva del producto. La descripción debe incluir las características y ventajas del producto, dimensiones, materiales utilizados e instrucciones de uso. Además, debes incluir imágenes de alta calidad del producto desde diferentes ángulos, para que los clientes puedan ver el producto en detalle.

Además, establecer precios competitivos para tus productos es esencial. Debes investigar los precios de productos similares en el mercado para determinar un precio justo y competitivo. También debes tener en cuenta los costos de producción, gestión de almacén, envío y marketing para determinar el precio final del producto.

Para gestionar los envíos de tus productos, puedes utilizar un servicio de envío como USPS, FedEx o UPS. También puedes utilizar un servicio de gestión de almacén como Fulfillment by Amazon (FBA) de Amazon, que te permite almacenar tus productos en los almacenes de Amazon y gestionar el envío y las devoluciones automáticamente.

Para promocionar tus productos en línea, puedes utilizar el marketing digital. Por ejemplo, puedes utilizar publicidad en plataformas como Facebook o Google para llegar a nuevos clientes, o puedes utilizar el marketing por correo electrónico para mantener a los clientes existentes informados sobre tus productos y promociones. Además, puedes utilizar las redes sociales para promocionar tus productos e interactuar con tus clientes.

También es importante brindar un servicio al cliente de alta calidad. Debes responder rápidamente a las consultas de los clientes y manejar las devoluciones de manera profesional. De esta manera, los clientes estarán más dispuestos a volver a comprar y recomendar tus productos a amigos y familiares.

Una vez que hayas elegido el tipo de producto que deseas vender, es crucial seleccionar la plataforma de comercio electrónico adecuada para tu negocio. Puedes utilizar plataformas como

Shopify, WooCommerce o Magento para crear tu tienda en línea. Estas plataformas te permiten personalizar tu tienda en línea, gestionar envíos de productos y devoluciones, administrar inventario y utilizar herramientas de marketing digital para promocionar tus productos.

Para promocionar tus productos en línea, puedes utilizar marketing digital. Por ejemplo, puedes utilizar publicidad en plataformas como Facebook o Google para llegar a nuevos clientes, o puedes utilizar marketing por correo electrónico para mantener a los clientes existentes informados sobre tus productos y promociones. Además, puedes utilizar las redes sociales para promocionar tus productos y interactuar con tus clientes.

También es importante manejar las reseñas de los clientes de manera profesional. Debes animar a los clientes a dejar reseñas para tus productos, tanto positivas como negativas. De esta manera, puedes utilizar las reseñas para mejorar tus productos y servicio al cliente. Las reseñas positivas también pueden ser utilizadas como herramienta de marketing para atraer a nuevos clientes.

El servicio al cliente es un aspecto crucial de la venta de productos en línea. Debes responder rápidamente a las consultas de los clientes y manejar las devoluciones de manera profesional. De esta manera, los clientes estarán más dispuestos a volver a comprar y recomendar tus productos a amigos y familiares.

Por último, debes monitorear continuamente las métricas de ventas y las estadísticas de tráfico del sitio web para comprender cómo puedes mejorar tu negocio de comercio electrónico. Por ejemplo, puedes utilizar herramientas de análisis como Google Analytics para monitorear el tráfico del sitio web, las conversiones y las métricas de ventas.

Con Mailchimp, puedes crear correos electrónicos personalizados utilizando plantillas pre-diseñadas y herramientas de diseño intuitivas. También puedes utilizar la automatización de marketing para enviar correos electrónicos basados en las acciones de tus contactos, como la apertura de correos electrónicos o el abandono del carrito de compra. Además, puedes gestionar listas de contactos y segmentar a tu audiencia para campañas de correo electrónico dirigidas.

Mailchimp también proporciona análisis detallados sobre el rendimiento de tus correos electrónicos, como tasas de apertura, tasas de clics y conversiones. De esta manera, puedes comprender mejor la efectividad de tus campañas de marketing por correo electrónico y hacer los ajustes necesarios.

Mailchimp ofrece diferentes planes de precios basados en tus necesidades. También ofrece una versión gratuita que te permite enviar hasta 10,000 correos electrónicos por mes a un máximo de 2,000 contactos. Sin embargo, si deseas características avanzadas como automatización de marketing, deberás actualizar a un plan de pago.

En general, Mailchimp es una excelente opción para pequeñas y medianas empresas que desean aprovechar el poder del marketing por correo electrónico para promocionar sus productos o servicios. Ofrece una amplia gama de funciones y planes de precios flexibles, lo que lo hace adecuado para diversas necesidades y presupuestos.

Puedes utilizar Mailchimp para enviar correos electrónicos en diferentes idiomas. Mailchimp te permite crear correos electrónicos personalizados en diferentes idiomas utilizando plantillas pre-diseñadas o creando correos electrónicos personalizados desde cero. Además, puedes utilizar características de segmentación para enviar correos electrónicos dirigidos según el idioma preferido de tus contactos.

Para crear correos electrónicos en diferentes idiomas, puedes utilizar el bloque de texto multilingüe de Mailchimp. Esta herramienta te permite crear un solo bloque de texto que puede ser traducido a múltiples idiomas. Cuando envíes tu correo electrónico, Mailchimp enviará el texto en el idioma preferido de tus contactos según la configuración de su navegador o cuenta de Mailchimp.

Además, Mailchimp te permite utilizar el idioma de tu elección al crear tus propias plantillas de correo electrónico personalizadas. También puedes utilizar el traductor incorporado de Mailchimp para traducir el texto de tu correo electrónico a diferentes idiomas.

En general, Mailchimp es una herramienta flexible que te permite crear correos electrónicos personalizados en diferentes idiomas, lo que te permite llegar a una audiencia internacional y mejorar la efectividad de tus campañas de marketing por correo electrónico.

Sin embargo, Mailchimp no ofrece soporte nativo para la traducción de imágenes y videos. No obstante, hay formas de traducir imágenes y videos para tus campañas de marketing por correo electrónico en Mailchimp.

Para las imágenes, puedes utilizar herramientas de traducción en línea para traducir el texto dentro de la imagen al idioma deseado. Por ejemplo, puedes usar Google Translate u otras herramientas de traducción en línea para traducir el texto en una imagen. Luego, deberás reemplazar el texto original con el texto traducido en la imagen.

Para los videos, puedes utilizar subtítulos para agregar la traducción del texto hablado. Puedes utilizar herramientas de traducción en línea para traducir el texto hablado a otro idioma y luego agregar subtítulos en el idioma deseado a tu video.

En general, la traducción de imágenes y videos requiere cierto trabajo manual, pero puede ser una forma efectiva de llegar a una audiencia internacional y mejorar la efectividad de tus campañas de marketing por correo electrónico en Mailchimp.

Hay varias herramientas de traducción en línea disponibles. Aquí tienes algunas herramientas de traducción en línea que podrían ser útiles:

Google Translate: Google Translate es uno de los servicios de traducción en línea más populares en todo el mundo. Ofrece traducción de texto, documentos, páginas web e incluso traducción de voz en tiempo real.

DeepL: DeepL es otra herramienta de traducción en línea que utiliza algoritmos avanzados de inteligencia artificial para proporcionar traducciones de alta calidad. También ofrece una función de traducción basada en el contexto que considera el contexto de la oración para obtener traducciones más precisas.

Systran: Systran es otra herramienta de traducción en línea que ofrece traducción de texto, documentos y páginas web en más de 140 idiomas. También ofrece funciones de traducción especializadas para industrias específicas como legal, médica y tecnología.

Estas herramientas de traducción en línea pueden ser recursos valiosos para traducir contenido a diferentes idiomas para tus campañas de marketing por correo electrónico u otros proyectos.

SDL FreeTranslation: SDL FreeTranslation es una herramienta de traducción en línea gratuita que ofrece traducción de texto y páginas web en varios idiomas. También proporciona funciones avanzadas como traducción de documentos y traducción con caracteres especiales.

En general, no se recomienda utilizar herramientas de traducción en línea para traducir documentos oficiales. Las herramientas de traducción automática pueden ser útiles para textos genéricos, pero no pueden garantizar la precisión y exactitud necesarias para documentos oficiales.

Para traducir documentos oficiales, se recomienda confiar en un traductor profesional o una agencia de traducción. Los traductores profesionales pueden garantizar la precisión y exactitud de las traducciones, utilizando las técnicas y el conocimiento necesarios para la traducción de documentos oficiales.

Además, para algunos documentos oficiales, es posible que se requiera prestar juramento ante un notario público u un funcionario público de que la traducción es precisa y correcta. En tales casos, es fundamental contar con la traducción realizada por un traductor certificado que pueda proporcionar una traducción oficial.

En general, cuando se trata de documentos oficiales, es importante confiar en un profesional para garantizar la precisión y exactitud de la traducción. Las herramientas de traducción en línea pueden ser útiles para textos genéricos, pero no son adecuadas para traducir documentos oficiales.

Hay varias fuentes confiables de información sobre criptomonedas. Aquí tienes algunas fuentes que podrían serte útiles:

CoinDesk: CoinDesk es una de las principales fuentes de noticias e información sobre criptomonedas. Ofrece noticias, análisis, investigación de mercado y guías prácticas sobre criptomonedas.

Cointelegraph: Cointelegraph es otra fuente de noticias e información sobre criptomonedas. Ofrece noticias, análisis, guías e investigación de mercado sobre criptomonedas.

CryptoSlate: CryptoSlate es una plataforma de investigación e información sobre criptomonedas. Ofrece noticias, análisis, investigación de mercado y herramientas para el análisis técnico de criptomonedas.

CryptoCompare: CryptoCompare es una plataforma de análisis y comparación de criptomonedas. Ofrece noticias, investigación de mercado, análisis técnico y herramientas para comparar criptomonedas.

CoinMarketCap: CoinMarketCap es una plataforma de información sobre criptomonedas que proporciona datos en tiempo real sobre precios, capitalización de mercado y otras métricas de criptomonedas.

Aquí tienes algunas otras fuentes de información sobre criptomonedas que podrían serte útiles:

Bitcoin Magazine: Bitcoin Magazine es una de las primeras publicaciones sobre criptomonedas, fundada en 2012. Ofrece noticias, análisis, investigación de mercado y opiniones sobre criptomonedas.

The Block: The Block es otra fuente de noticias e información sobre criptomonedas. Ofrece noticias, análisis, investigación de mercado y guías prácticas sobre criptomonedas.

Decrypt: Decrypt es una página web que ofrece noticias e información sobre criptomonedas, con un enfoque en privacidad y seguridad. Ofrece noticias, análisis, investigación de mercado y guías prácticas sobre criptomonedas.

Messari: Messari es una plataforma de investigación y análisis de criptomonedas. Ofrece noticias, investigación de mercado, análisis técnico, informes en profundidad y herramientas para el análisis de criptomonedas.

Coin Telegraph Markets Pro: Coin Telegraph Markets Pro es una plataforma de análisis e investigación de mercados de criptomonedas. Proporciona datos en tiempo real, análisis técnico y herramientas para el análisis de criptomonedas.

The Block: The Block es una plataforma de noticias e información sobre criptomonedas y blockchain. Ofrece noticias, análisis, investigación de mercado e informes en profundidad sobre criptomonedas.

Decrypt: Decrypt es una plataforma de noticias e información sobre criptomonedas, con un enfoque en privacidad y seguridad. Ofrece noticias, análisis, investigación de mercado y guías prácticas sobre criptomonedas.

Messari: Messari es una plataforma de investigación e información sobre criptomonedas. Ofrece noticias, análisis, investigación de mercado, informes en profundidad y herramientas para el análisis de criptomonedas.

Bitcoin Magazine: Bitcoin Magazine es una de las primeras publicaciones sobre criptomonedas, fundada en 2012. Ofrece noticias, análisis, investigación de mercado y guías prácticas sobre criptomonedas.

Kraken Intelligence: Kraken Intelligence es una plataforma de investigación e información sobre criptomonedas gestionada por el exchange de criptomonedas Kraken. Ofrece noticias, análisis, estudios de mercado e informes detallados sobre criptomonedas.

¿Qué son las criptomonedas? Las criptomonedas son monedas digitales que usan criptografía para asegurar y verificar transacciones y controlar la creación de nuevas unidades. Las criptomonedas están descentralizadas y no están controladas por una autoridad central como un banco central.

¿Cómo funcionan las criptomonedas? Las criptomonedas utilizan una tecnología llamada blockchain para registrar y verificar transacciones. La cadena de bloques es un libro de contabilidad público e inmutable que registra de forma segura y transparente todas las transacciones de una criptomoneda.

¿Cuáles son las criptomonedas más populares? Las criptomonedas más populares incluyen Bitcoin, Ethereum, Binance Coin, Cardano, Dogecoin, Ripple y muchas otras. Sin embargo, el mercado de las criptomonedas evoluciona continuamente y las criptomonedas más populares pueden cambiar con el tiempo.

¿Cómo se pueden comprar criptomonedas? Las criptomonedas se pueden comprar a través de una plataforma de intercambio de criptomonedas o a través de un corredor de criptomonedas. Las plataformas de intercambio de criptomonedas le permiten comprar criptomonedas con moneda fiduciaria o con otras criptomonedas.

¿Cuáles son los riesgos y oportunidades de invertir en criptomonedas? Invertir en criptomonedas puede ser riesgoso debido a la volatilidad del mercado y la falta de regulación. Sin embargo, las criptomonedas también pueden ofrecer interesantes oportunidades de inversión a largo plazo.

¿Cuáles son las tendencias actuales en el mercado de las criptomonedas? Actualmente, el mercado de criptomonedas está creciendo y muchas criptomonedas están alcanzando nuevos máximos históricos. Sin embargo, el mercado de criptomonedas es volátil y está sujeto a rápidas fluctuaciones.

¿Cuáles son las diferencias entre las criptomonedas y las monedas tradicionales? Las criptomonedas están descentralizadas y no están controladas por una autoridad central como las monedas tradicionales. Además, las criptomonedas usan criptografía para asegurar y verificar transacciones, mientras que las monedas tradicionales dependen de los sistemas bancarios y financieros tradicionales.

¿Cuáles son las implicaciones fiscales de las inversiones en criptomonedas? Las implicaciones fiscales de las inversiones en criptomonedas pueden variar según la legislación fiscal del país donde reside. En general, las inversiones en criptomonedas están sujetas a impuestos sobre ganancias y pérdidas de capital, pero las reglas pueden variar de un país a otro.

Aquí hay algunos recursos que puede usar para profundizar su conocimiento sobre las criptomonedas:

Coursera: Coursera ofrece una amplia gama de cursos en línea sobre criptomonedas y blockchain. Puede tomar cursos gratuitos o pagos de varias universidades e instituciones, como la Universidad de Princeton y la Universidad de California, Berkeley.

Udemy: Udemy ofrece cursos en línea sobre varios temas, incluidos blockchain y criptomonedas. Puedes elegir entre cursos gratuitos o de pago.

YouTube: hay muchos canales de YouTube que ofrecen videos educativos sobre criptomonedas y blockchain. Algunos de los canales más populares incluyen Andreas Antonopoulos, Coin Bureau e Ivan on Tech.

Reddit: Reddit es una comunidad de discusión en línea que incluye varias secciones dedicadas a las criptomonedas, como r/CryptoCurrency y r/Bitcoin. Puedes usar Reddit para intercambiar información y opiniones con otras personas interesadas en las criptomonedas.

Libros: hay muchos libros disponibles sobre criptomonedas y blockchain. Algunos de los libros más conocidos incluyen "Mastering Bitcoin" de Andreas Antonopoulos, "The Internet of Money" de Andreas Antonopoulos y "The Basics of Bitcoins and Blockchains" de Antony Lewis.

En conclusión, espero que este libro introductorio sobre Chat GPT le haya brindado una buena descripción general de esta tecnología avanzada y sus diversas aplicaciones.

Gracias por tomarse el tiempo de leer este libro y por mostrar interés en aprender sobre nuevas tecnologías.

Recuerda que Chat GPT, como cualquier otra tecnología, se puede utilizar de forma positiva o negativa dependiendo de cómo se utilice. Los animo a usar Chat GPT de manera responsable y contribuir a su evolución de manera ética y constructiva. ¡Gracias nuevamente por leer este libro introductorio sobre Chat GPT!